eビジネス新書

No.417

週刊東洋経済

工場が消える

脱炭素が迫る——

週刊東洋経済 eビジネス新書 No.417

工場が消える

本書は、東洋経済新報社刊『週刊東洋経済』2022年3月26日号より抜粋、加筆修正のうえ制作しています。情報は底本編集当時のものです。(標準読了時間 90分)

工場が消える　目次

国内工場の閉鎖が加速

製造業を襲う〝新六重苦〟

とうとう来たか――。

2022年1月、国内石油最大手・ENEOSホールディングスが和歌山製油所の閉鎖を発表した。第一報を聞いた地元・有田（ありだ）市の望月良男市長に驚きはなかった。「（閉鎖の）流れはわかっていた。問題はそれが〝いつ〟なのかだった」（望月市長）。それでもショックは大きい。市の製造品出荷額の約9割を占める事業所が消えるのだから。

日本の製造業、とくに重厚長大産業の国内製造拠点のリストラが増えている。石油（精製）、鉄鋼、自動車の主な事例は以下のとおりだが、造船も再編と事業所閉鎖が相次いでいる。

・新日鉄　釜石の高炉休止（1989年）
・新日鉄　八幡が高炉1基体制に（1988年）
・新日鉄　広畑の高炉休止（1993年）
・新日鉄　堺の高炉休止（1990年）
・日産　座間工場閉鎖（1995年）
・日産　村山工場など閉鎖（2001年）
・JFE　倉敷の高炉1基休止（2002年）
・JFE　京浜の高炉1基休止（2004年）
・JFE　福山の高炉1基休止（2011年）
・コスモ　坂出閉鎖（2013年）
・出光　徳山の石油精製機能停止（2014年）
・JX　室蘭の製油機能停止（2014年）
・神鋼　神戸の高炉含む上工程設備休止（2017年）
・ENEOS　室蘭製造所停止（2019年）

・日鉄　倉の高炉休止（2020年）
・トヨタ　東富士工場閉鎖（2020年）
・ENEOS　大阪の石油精製停止（20年）
・三菱自動車　パジェロ製造の工場閉鎖（2021年）
・日鉄　呉2基、和歌山1基の高炉休止（2021年）
・ENEOS　知多製造所停止、一部は出光に売却へ（2021年）

これまでも国内製造業のリストラは繰り返されてきた。高度成長期の終了、バブル崩壊、超円高、リーマンショック、東日本大震災など、逆風が強まるたびに地域経済を担う工場が失われていった。

アベノミクスによる円安もあり、ここ数年は工場リストラは下火になっていた。それが、脱炭素などを背景に再び閉鎖の動きが広がっている。しかも、この流れはますます加速していくことが確実だ。

地方経済が一気に空洞化

製造業が日本経済を支える基幹産業であることは紛れもない事実だ。日本のGDP（国内総生産）の19・7％を製造業が生み出している。これは主要国では中国の26％、ドイツの20％に次ぐ高水準だ。ちなみに米国では10・9％しかない。

雇用においても製造業は質、量ともに重要性が高い。業種別に見ると製造業の平均給与（年間）は全業種平均より68万円高い。しかも、雇用者数は全体の2割、約1000万人と最も分厚い。

製造業はGDPの20%を占める

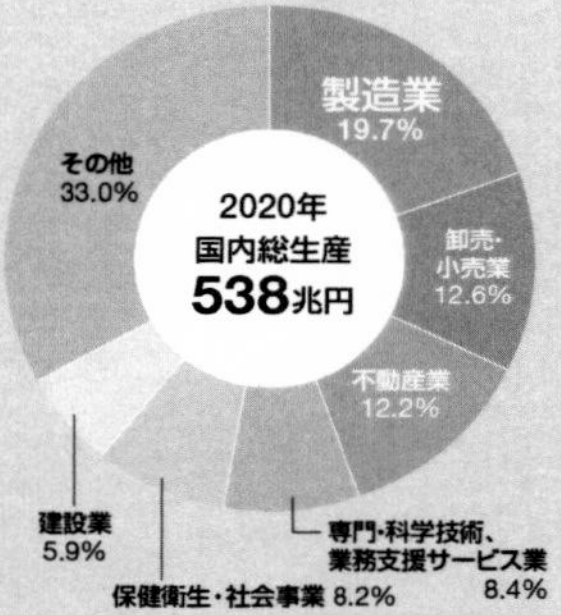

（出所）内閣府「経済活動別国内総生産（名目）」を基に東洋経済作成

製造業は雇用者数が多く、給与も比較的高い

業種	平均給与	総人数に占める比率	給与所得者数
電気・ガス・熱供給・水道業	715万円	0.4%	18.5万人
金融業・保険業	630万円	2.8%	145.0万人
情報通信業	611万円	3.6%	190.1万人
建設業	509万円	8.5%	443.6万人
学術研究・専門・技術サービス業・教育・学習支援業	503万円	4.6%	241.3万人
製造業	501万円	19.4%	1016.2万人
複合サービス業	452万円	1.2%	62.4万人
全体平均	433万円	100.0%	5244.6万人
運輸業・郵便業	444万円	6.8%	357.0万人
不動産業・物品賃貸業	423万円	2.6%	136.2万人
医療・福祉	397万円	13.5%	709.1万人
卸売業・小売業	372万円	16.0%	837.5万人
サービス業	353万円	15.1%	791.9万人
農林水産・鉱業	300万円	1.2%	65.3万人
宿泊業・飲食サービス業	251万円	4.4%	230.6万人

（注）給与所得者。平均給与は年間　（出所）国税庁「令和2年分 民間給与実態統計調査」

東京や神奈川、大阪といった都市部を除けば、県内総生産に占める製造業の割合と1人当たり県民所得はおおむね連動している。地域経済を支える工場が消えれば、地方の空洞化が一気に進みかねない。

製造業が盛んな地域は所得も高水準

都道府県	順位	県内総生産に占める製造業の割合	順位	1人当たり県民所得
滋賀県	1	44.6%	7	331.8万円
栃木県	2	41.2%	3	347.9万円
静岡県	3	39.9%	4	343.2万円
三重県	4	39.7%	14	312.1万円
愛知県	5	38.2%	2	372.8万円
群馬県	6	37.0%	8	328.3万円
山口県	7	35.9%	11	319.9万円
茨城県	8	35.6%	6	332.7万円
富山県	9	32.9%	5	339.8万円
山梨県	10	31.8%	13	316.0万円
鳥取県	43	13.8%	43	251.5万円
北海道	44	10.0%	34	274.2万円
高知県	45	9.0%	40	264.4万円
東京都	46	8.6%	1	541.5万円
沖縄県	47	4.3%	47	239.1万円
全県計	—	**21.9%**	—	**331.7万円**

(注)2018年度、順位は全都道府県
(出所)内閣府「県民経済計算」を基に東洋経済作成

本質的な問題は国内の生産能力の過剰にある。

敗戦から再出発した日本は、原料を輸入し加工して輸出する、加工貿易で高度成長を遂げた。輸出を追求した必然として、製造業の多くが内需をはるかに上回る生産能力を国内に持った。

内需の拡大で吸収できればよかったが、バブル崩壊に少子高齢化が重なって内需も減ってしまった。国内生産能力を縮小しても輸出依存体質から脱却できない。

例えば自動車。国内生産は1990年の年間1350万台からコロナ前には約950万台まで減らした。だが、国内販売もこの間に777万台から500万台前後まで減少したため、輸出比率は5割弱で高止まりしたままだ。

鉄鋼の粗鋼生産はピークの1・2億トンから1億トン弱まで削減された。この間に国内消費は約4割落ち込んだため、輸出比率は90年の15%から足元で30%台へと上昇している。輸出が多いこと自体は悪いわけではないが、交易条件の変化に競争力を左右されてしまう。

国全体の経常収支で見た場合、近年、貿易収支は赤字となる年も多く、海外投資などから上がる所得収支で経常黒字を稼ぐ構造になっている。実は製造業を軸とする輸出の額は緩やかに拡大しており、貿易収支の赤字は東日本大震災以降のエネルギーや医薬品の輸入の増加による。

貿易で黒字を稼ぐ時代は終わった

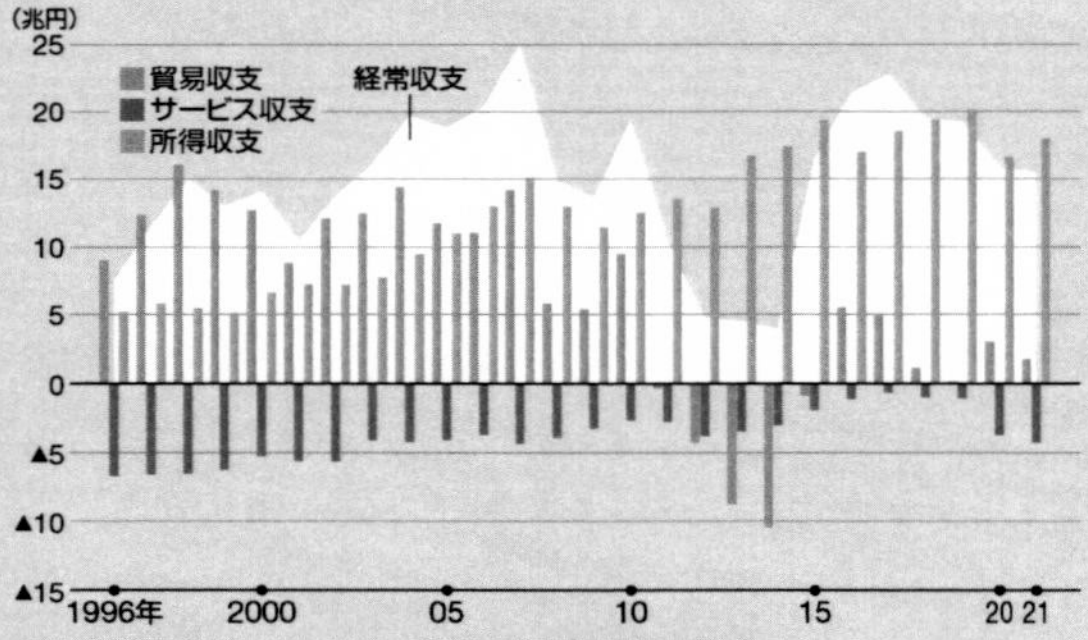

（注）2021年は速報値、▲はマイナス　（出所）財務省「国際収支状況」

資源がない日本にとって輸出で外貨を稼ぐ製造業は不可欠だ。この先、資源価格が上昇すれば輸入額はますます増える。国内生産能力の削減は不可避だとしても、輸出が減っていったとき、日本経済ははたして耐えられるか。

国内生産や輸出への逆風は多い。記憶に新しいところでは東日本大震災後に浮上した〝六重苦〟がある。超円高や高い法人税など、台頭するアジア勢に対する日本の条件の悪さを訴える悲鳴が経済界から上がった。

国内生産への逆風の中身が変わった

六重苦	新六重苦
× 超円高	× 円安／資源・エネルギー高
× 高い法人税	× 世界的な産業の囲い込み
× 自由貿易協定の遅れ	× 高まる経済安全保障の圧力
× 高い電力価格	× グリーン電力の不足
× 厳しい労働規制	× 少子高齢化による人手不足
× 環境規制の厳しさ	× カーボンニュートラル対応

もっとも、今や六重苦は過去のものだ。超円高はアベノミクスによって円安に転じた。実質為替レートで見れば、70年代と同水準の超円安である。法人税は引き下げられ、TPP(環太平洋経済連携協定)をはじめとした自由貿易協定も締結された。相対的に人件費は下がり、環境規制はむしろ海外のほうが厳しいくらい。残るのは電力価格の高さ程度だ。そうした変化が国内生産や輸出の追い風になっていない。むしろ、〝新六重苦〟ともいうべき、新たな阻害要因が出てきている。

その筆頭となるのが、円安や資源・エネルギー高。自国に資源を持たない日本は、ウクライナ危機などの影響を諸外国以上に受けやすい。経済安全保障の圧力の高まりで日本も台湾TSMCの工場を誘致したが、1桁多い補助金を用意する他国に比べると劣勢だ。

サプライチェーンを国内に回帰させる動きも一部では出ているが、自由な貿易を阻害する悪影響が大きい。また、少子高齢化による人手不足はより深刻な生産制約になりつつある。

今後、最も厳しいのはカーボンニュートラル対応だ。生産段階の脱炭素化をはじめ、さまざまなルートで日本の製造業を圧迫する。電気自動車（ＥＶ）化でエンジン関連部品は大打撃を免れず、ガソリン需要のさらなる減少により製油所の再編も加速する。生産段階の脱炭素化に向けては、温室効果ガスを排出しないグリーン電力への転換が待ったなしだが、ここでも日本は不利な条件下にある。規制次第では欧州などへの輸出ができない事態すら招きかねない。

トヨタ自動車の幹部は、「国内生産が維持できなければ、生き残るために海外の現地生産に切り替える。そのとき日本は何で食べていくのですか」とよく口にしていた。

新六重苦は製造業にとっての逆風に違いないが、企業は海外に活路を見いだすことができる。それは自然な流れだ。工場が消えていったとき、日本の社会は維持できるのだろうか。

（山田雄大）

市内生産の9割消失　和歌山・有田の苦悩

ミカン畑が広がる丘から海沿いを見渡すと、赤茶けた工場が広がる。2・5平方キロメートルほどの広大な敷地を作業員の運転するトラックがひっきりなしに行き来する。

和歌山県有田（ありだ）市、大阪の中心部から南へ70キロメートルほど離れた人口3万人弱の地方都市が揺れている。市を支えてきた基幹産業の拠点であるENEOSホールディングスの和歌山製油所が、2023年10月をメドに閉鎖されることが決まったからだ。

和歌山製油所の生産能力は同社の原油処理能力の7％に相当する1日当たり12・8万バレル。

1941年の操業開始から、製油所は80年にわたって「当たり前のようにそこにあった」（地元住民）。市の盛衰はこの産業とともにあったといっても過言ではない。住民は「釣りなどのレジャーも盛んで、若い人の活気が満ちていた」と、重化学工業が盛んだった昭和の時代を懐かしむ。

しかし、人口減少による全国的なガソリン需要の縮小や脱炭素化の潮流は容赦なく襲いかかる。

ENEOSをはじめとする石油元売り各社は精製能力の縮小を余儀なくされている。ENEOSはこれまで室蘭（北海道）と知多（愛知）での製造を停止。根岸（神奈川）でも22年10月に1ラインを廃止する。

同社の大田勝幸社長は2022年1月25日の記者会見で「サプライチェーンの見直しは続く。ここ（和歌山の停止）で終わりになるかはわからない」と話した。

発表翌日、知事の直談判

「私は怒っている。地域に死ねというのと同じではないか」

翌1月26日、東京・大手町のENEOS本社には和歌山県の仁坂吉伸知事の姿があった。閉鎖の一報は、たまたま公務で東京へ向かっている最中に聞かされた。予定を急きょ変更して大田社長への直談判に臨んだ。

30分ほどの話し合いでは、閉鎖後の雇用維持や新たな産業づくりを要求。ENEOS側からは県や有田市、経済産業省などを交えた検討会を設置することを提案された。だが会談後、記者たちを前に仁坂知事は「納得できない」と繰り返した。

製油所が置かれた苦しい状況はわかっている。仁坂知事は「ほかの製油所を止めて、和歌山の操業を継続してくれたらありがたいが、たぶんできない」と考え、撤回は強く求めなかったという。

大田社長は「和歌山はほかの製油所と比べて能力が著しく低い。残念ながら現在も赤字だ」と説明していた。「採算が合わないのに企業に『造り続けなさい』と言うことはできない」(仁坂知事)。

それでも、仕方がないと簡単に引き下がることはできない。背景にあるのは、石油産業に強く依存する地元経済の構造だ。

和歌山製油所の２０年の製造品出荷額は約４７００億円だった。県工業統計によると、有田市全体では５１７８億円だ。つまり、和歌山製油所は有田市の製造品出荷額の実に９０％超を占めている。

雇用の面から見ても、製油所の存在は際立つ。ＥＮＥＯＳによると、製油所構内で働くＥＮＥＯＳと協力会社の社員は計１３００人。有田市の人口の５％程度だ。ただ、周辺の公共インフラに勤務する人のほか、従業員とその家族が利用する飲食店、スーパーなどを含めると、その経済波及効果は計り知れない。地元関係者は「特産品であるミカンの栽培などの産業はあるが、実際は製油所がこの町の経済のすべてだ」と語る。

それだけに危機感は強い。地元の紀州有田商工会議所は2月１４日、緊急相談窓口を設置し、協力会社の業態転換や公的支援の受け方についての相談を受け付け始めた。担当者は「中には一人親方のような形態で働く人もいる。十分な情報がなく不安な人もいるだろう」と話す。

和歌山県や有田市といった自治体にも「今後のことが不安だ」「何とかしてくれ」という声が多く寄せられているという。仁坂知事は「最悪の場合、町が廃墟になってしまう。地域側からは注文を出すくらいしかできない」と苦しい胸の内を明かす。

町を覆う漠然とした不安

製油所の稼働停止は2023年10月と、まだ1年以上の猶予がある。その間は今までどおり仕事があるうえ、稼働停止後も無害化工事や設備の撤去といった作業が残る。ＥＮＥＯＳによると、無害化工事だけでもおよそ2年かかるという。「協力会社の力は不可欠。引き続きお願いしたい」と大田社長は説明する。

しばらく仕事があることは悪くない。だが、このことがかえって問題を複雑にしている面もある。不安が漠然としたものにとどまり、次の具体的なアクションを取りにくくなっているからだ。

地元住民の一人は「自分の仕事がなくなるのがいつなのか、ピンとこないから行動のしようがない。ＥＮＥＯＳが新しく始める仕事に就けるかもしれない」と話す。商工会議所が設置した相談窓口には実際に、他業種から「こうした仕事があっせんできる」といった提案も届いているが、せっかくのマッチングの機会もまだ生かせていない。

ある協力会社の幹部は「先のことが見えず、どの協力会社も様子見の状態で動けなくなっている。下手なことをしてＥＮＥＯＳににらまれたら今後の仕事もやりにくくなる」と不安な様子で話す。結局、焦りだけが募る「もやもやした状況」（地元住民）が続く。

ただ、何もしなければやがて破局がやってくることは間違いない。

「突然の連絡だったが、いつかは来るものと思っていた」。そう振り返るのは有田市の望月良男市長だ。

市長の元に閉鎖の一報があったのは、発表があった１月２５日の朝９時ごろ。不思議と冷静な心境だったという。2020年にENEOS知多の製造停止を聞いたとき、「これが最後（の整理）ではない。次は有田かもしれない」と考えた。さまざまな情報から、和歌山製油所が縮小されそうだという感触を21年末には得たという。

もちろん、閉鎖を回避するために手は尽くした。すでに閉鎖となった室蘭の市長と情報交換し、取り組みをつぶさに観察してきた。和歌山製油所の所長とも頻繁に連絡を取り、1月27日にも製油所を訪問する予定だった。しかし、事業継続はかなわなかった。「自分が市長のときにこんなことにならないほうがよかったが、下を向いていても仕方がない」と望月市長は自らを鼓舞するように語る。

「モノカルチャー経済」とまでいわれる有田市で、いかに製油所閉鎖のショックを和らげるか。これまでも備えてきた。

例えばふるさと納税の活用による税収向上。返礼品であるミカンなどの特産品が人気を集め、20年度は寄付金額から返礼品の費用などを引いた実質的な収支が約20億円のプラスとなった。

この年の一般会計歳入は総額212億円だったため、約1割をふるさと納税で稼いだ計算だ。赤字とされる和歌山製油所から得られる法人市民税はかなり少なくなっているということもあり、財政的にはすでに製油所よりもふるさと納税のほうが頼りになる状況だ。

跡地利用についても、水面下でアプローチを図っている。約2・5平方キロメートルという広大な土地を1つの産業で埋めることはできない。観光や林業での活用のほか、大型船が寄港できる港にできないか。市長自ら働きかけるという。

しかし、現実が厳しいことには変わりがない。望月市長が「これまでこつこつと積み上げてきた努力が一気に吹き飛ぶ無力感もある」と語るように、実際の影響の大きさは計り知れない。

跡地検討会に不満の声も

深刻なのは、若い世代の流出だ。和歌山に限らず、全国の地方では若者が都会へ移り住み、そのまま戻ってこないという問題がある。大きな大学のない和歌山では、県外大学への進学率が82・3％と、全国で3番目に高い数字だ（20年度、学校基本調査）。和歌山県によると、高校卒業までに自治体が支出する教育経費は1人当たり1800万円。県の試算では毎年500億円もの教育投資効果が県外に出てしまっているという。

製油所で働く人のうち、とりわけ中高年が閉鎖後に新たな職に就いたり、県外に移住したりできるのか。仁坂知事は「おそらく半分くらいは地元に残って貯金を取り崩したり、農業の手伝いをしたりして年金生活を待つのではないか。移住は簡単なものではない」とみる。ただ、それでは地域経済の所得は増えず、一方で社会保障の負担は増える。地方は貧しくなるばかりだ。

製油所跡地の活用について、ＥＮＥＯＳが提案した検討会も始まった。2月25日にはＥＮＥＯＳ幹部や望月市長らが参加する1回目の会合が開かれた。内容についてＥＮＥＯＳは「差し控える」としている。だが、関係者によると、「3カ月に1度」としていた検討会の頻度に対する不満が噴出。その結果、実務者による協議を3月中にも開くことが決まった。

ＥＮＥＯＳ側の緩慢な動きに地元の焦りは募る。「単に太陽光パネルを敷き詰めるだけでは雇用は生まれない」（仁坂知事）と、跡地利用の内容次第では産業活性化につながらない懸念もある。

日本中に同じように使い道を失った工業用地が多数あり、地方の側はこのまま見捨てられるのではといった危機感が強い。そういった声にＥＮＥＯＳをはじめとした企業側がどう向き合うのかも問われている。

（高橋玲央）

「閉鎖は仕方ない、でも雇用を守ってほしい」

和歌山県知事・仁坂吉伸

「その地域に死ねというのと同じ」。ＥＮＥＯＳ和歌山製油所の閉鎖方針に対して、強い言葉で抗議をした和歌山県の仁坂吉伸知事は、地方経済の現実をどう受け止めているのか。胸中を聞いた。

――閉鎖決定の一報を受けて、知事はすぐに抗議しました。

こうした話は事前に漏れてはいけないもので、急な知らせであることは仕方がない。また、採算が合わないのに企業に対して「造り続けなさい」と言うことはできない。何らかの整理が必要なことはわかっているが、それで終わりにしてほしくない。業態転換などをうまくやって、ある程度雇用を守ってほしい。

――製油所に代わるほかの産業を育てられなかったという意味で、地域の責任はありませんか。

まったく正しい指摘だ。私が子どもの頃、和歌山県の地位は今ほど低くなかった。住友金属工業（現日本製鉄）や、東燃（現ＥＮＥＯＳ）、さらに丸善石油（現コスモ石油）もあって、製造品出荷額も大きかった。

ただ、そうした構造から変われぬままここまで来た。（知事に就任した）１５年前から企業誘致に取り組んできたが、そもそも大型製造業の国内投資は最近では和歌山に限らずほとんどない。

ＩＲ（カジノを含む統合型リゾート）やＩＴ企業のサテライトオフィス、ワーケーションの誘致も進めているが、こんな大きな産業の喪失が一気に来たら間に合わない。恐れていたことが起きてしまったと感じている。

和歌山は比較的恵まれていただけに、その油断があって新しい投資を呼ぶことに熱心になれなかったのかもしれない。とりあえずやっていけるので、ボーッとしてきたのが積み重なってしまった。

——今後、製油所閉鎖にどのように対応していきますか。

1月末の閉鎖発表の翌日、ＥＮＥＯＳホールディングスの大田勝幸社長に「何とかしてくれ」と結構きつく言いに行った。そうしたら、「（跡地利用について）検討会をしませんか」と大田社長から提案をしてもらえた。

ただ、地域側は注文を出すくらいしかできない。都心に近ければ再開発もあるだろうが、和歌山ではそんなことはできない。（跡地利用は）やはりＥＮＥＯＳに考えてもらうしかない。

——最悪のシナリオは。

その町が廃墟になってしまうことだ。すでに、地元から「何とかしてくれ。助けてくれ」という声が本当にたくさん寄せられている。製油所で直接働いている約

1300人のうち、半分くらいは（閉鎖によって）失業してしまうのではないか。地元で就職できず、若い人たちが消えていく。

──若い人は東京に集まります。

田舎がなくて生きていけるかといえば、東京もたぶん生きていけない。東京に集まる若い人が優秀になるまで育てるのに田舎でたいへんなお金をかけていることに気づいてほしい。

高校卒業までに1人当たり1800万円の教育経費が支出されている。若者が転出すると、それまでにかけた教育投資の効果も流出してしまう。和歌山県では15～29歳の若年世代で年間3000人ほどの流出超過になっている。つまり、年間500億円もの投資効果が流出している。

ENEOSが新産業の拠点をつくるとしても、京浜地方でとか、そういったことは考えてほしくない。とくにエネルギー産業のような、別に都会の真ん中になくてもいいようなものはやはり地方で存続させてほしい。

（聞き手・高橋玲央、山田雄大）

仁坂吉伸（にさか・よしのぶ）

1950年和歌山県生まれ。74年旧通商産業省入省。大臣官房審議官、製造産業局次長などを経て、2006年に和歌山県知事当選（現在4期目）。20年から関西広域連合長兼任。

下関・地域活性化の厳しい現実

製造業の生産拠点シフトは、周辺産業にも大きな影響を及ぼす。グローバルな生産拠点移転の影響をもろに受けてきたのが、山口県の下関港だ。

同港の強みは立地にある。本州の国際港湾としてアジア大陸までの海上輸送距離が最短であると同時に、本州と九州の結節点に位置。通関体制が迅速なこともあり、中国や韓国を中心に東アジア地域から全国へ貨物を運ぶハブ港となっている。下関港の臨海部には鉄鋼業や化学工業などの企業が立地し、原材料の調達や半導体製造装置の輸出など、主要な物流拠点としての役割も担ってきた。

江戸時代から栄えてきた下関港だが、近年は海上・航空を問わずルート間の競争が激化。とくに、主要な貨物の1つであったアパレルの生産拠点が、人件費の高騰を受け1990年代には韓国から中国、そして近年はベトナムなどの東南アジアまで南下したあおりを受けている。

下関港は中韓と比べ、東南アジアとの航路に乏しい。「(アパレル製品などは東南アジアとの航路が豊富な)神戸や横浜など、大都市圏に直接運び込まれるようになってしまった」(下関市港湾局)。そのため、2000年に187万トンあった輸入量は、20年に156万トンまで減少した。

星野誘致で3度目の正直

下関市は、2015年から24年までの総合計画の一環として、港湾の強化方針を策定している。その目玉の1つが、コンテナターミナルの跡地とその周辺を生かした、観光エリアとしての再開発だ。

地元の開発推進協議会が定めたコンセプトを踏まえ、市はホテルの優先交渉権者として、国内外56施設を運営する星野リゾートを選定。ファミリー向けリゾートホテル「リゾナーレ」（約190室）を25年秋に開業する計画を立てている。ほかにもグランピング施設や温浴施設など、国内外の観光客を集めるための施設を構想。富裕層シニア向けの高層マンションも整備する計画だ。

ただこのエリアの再開発は、下関市にとって鬼門である。星野リゾートがホテルを開業する予定の区画が埋め立て・造成されたのは1990年ごろ。それにもかかわらず、現在まで30年にわたり、建物が建設されたことは一度もないのだ。

初めて事業者を公募したのは1999年で、神戸製鋼所などのグループを選定。シネマコンプレックスを軸に据え、約200室の都市型ホテルや商業施設、コンベンション施設なども開発する大規模なプランで、メイン施設の設計に世界的な建築家の隈研吾氏を起用する気合いの入れようだった。

しかし、誘致されるテナントとの競合を恐れた地元の商店会と、事業者との間で合意形成が図れず、市議会でホテル事業用地売却案が否決され計画が解消。2008年に再び公募をした際も、優先事業者を大和リースに選定した直後にリーマンショックが発生し、またも開発は白紙となった。地元自治体の関係者が「今回は3度目の正直」と意気込むのは、こうした経緯があったためである。

コロナで2年先送りに

今回の計画も一筋縄ではいかないようだ。下関の観光戦略において、中韓からの玄関口としての集客は重要なカギとなる。

だが、新型コロナウイルス感染拡大の影響で中韓から集客するという前提が大きく変わったほか、地質調査にも遅れが生じた。星野リゾートは、開発計画を策定した19年当初には23年春のホテル開業を予定していたが、開発規模を拡大したこともあり、開業時期を25年秋に先送りしている。

関門海峡に面した下関エリアは景観や自然環境に恵まれ、観光資源自体は潜在力がある。幸いにも、下関港の貨物の輸入量はコロナ下においても韓国からの自動車といった機械類が増加傾向で、堅調を維持している。

アジアの生産拠点移転に翻弄された下関港だが、物流・観光の両面で地域を再び活性化できるか。海外での観光プロモーションなど、自治体の実行力が問われる。

（森田宗一郎）

産業誘致難しく進むふるさと納税依存

自治体の収入である歳入で、ふるさと納税に依存する自治体が増えている。

2019年度の全市町村の歳入合計が61・4兆円だったのに対し、市町村へのふるさと納税合計は約0・5兆円。ただしふるさと納税の市場は年々拡大しているうえ、個別に見ると、どっぷり浸かっている市町村がある。依存度の高いところでは、歳入の2～4割をふるさと納税で賄っている。

歳入に占めるふるさと納税の割合が高い市町村 トップ10

順位	自治体名	歳入に占めるふるさと納税割合
1	北海道 白糠町	42.1%
2	佐賀県 上峰町	37.4%
3	宮崎県 都農町	33.0%
4	北海道 紋別市	29.8%
5	鹿児島県 大崎町	26.9%
6	和歌山県 湯浅町	23.0%
7	北海道 根室市	22.8%
8	熊本県 玉東町	22.8%
9	佐賀県 大町町	20.4%
10	愛知県 幸田町	20.2%

(注)2019年度
(出所) 総務省「令和2年度ふるさと納税に関する現況調査について」「令和元年度受入額の実績等」「令和元年度市町村別決算状況調」を基に東洋経済作成

1位の北海道白糠町をはじめ、めぼしい産業がなかった自治体にこうした傾向が目立つ。産業誘致が難しく、急速な人口減少にも直面。税収の伸びは期待できない。そこで、短期的に取り組みやすいふるさと納税に依存する、という構図が浮かぶ。今後も工場閉鎖により税収が減って、「ふるさと納税依存」に傾く自治体が増える可能性もある。

「背景には、自治体が自由に使える財源がふるさと納税しかない事情がある」。こう指摘するのは、長崎県平戸市の元職員で自治体向けにふるさと納税などのアドバイザーを務める黒瀬啓介氏だ。そもそも大多数の自治体は、財政需要に見合う歳入を自前の税源では用意しきれず、国から地方交付税交付金を受け取っている。ただこれは不足分を補填されているにすぎず、自治体運営に必要な経費を支出すると、手元には残らない。

一方、ふるさと納税はこの枠組みの「外側」にある。つまり、稼いだ分だけ好きなことに使える貴重な財源だ。例えば「町独自の子育て支援策を始める」といった場合、ふるさと納税で充当する自治体が多いのはそのためだ。

自由に使える「打ち出の小づち」に頼っていると、思わぬリスクに直面することもある。

宮崎県都農（つの）町では21年、寄付が集中し、当初委託していた返礼品事業者では対応しきれなくなった。別の業者に委託したことで費用がかさみ、「寄付金額の3割まで」とするルールに抵触。結果、2年間ふるさと納税制度から除外される。「町の財政に加え、（事業を拡大してきた）返礼品事業者への影響が大きい」と都農町の担当者は肩を落とす。

黒瀬氏は「目的を明確にしないまま、とにかくふるさと納税を集めるという自治体もある」と指摘する。ふるさと納税を単にお金を集める手段とは捉えず、「自分たちの町をどうしたいか」というグランドデザインを持ち、その実現に必要な金額を集めることが大事だ。

（佐々木亮祐）

脱エンジン最前線の試練

「ものづくりの原点が消えてしまう」――。２０２１年6月にホンダ（本田技研工業）が発表した内容に、栃木県真岡（もおか）市の経済界や取引先の間に衝撃が走った。市内でホンダが4輪車向けエンジン部品を製造する「パワートレインユニット製造部」での生産を２５年中に終えるというものだ。

ホンダは現在、販売する新車を２０４０年までにすべて電気自動車（ＥＶ）か燃料電池車（ＦＣＶ）にする脱エンジン目標を掲げ、事業転換を急いでいる。真岡市内の取引先などには、エンジン車からの撤退や海外生産比率の上昇による国内生産体制の見直しを、工場閉鎖の理由として説明しているという。ホンダは、勤務している９００人の従業員について国内の拠点に配置転換する方針だ。

EVシフトは死活問題

「数年前から部品メーカーの間で話は出ていたので（閉鎖の）予想はしていたが、より早まったなというのが率直な受け止めだ」。エンジン部品の生産設備などを主力とするアオキシンテック（真岡市）の青木圭太CEOはそう語る。

先代である父が1990年に創業したときは、ホンダ向けの比率が100％。ホンダとは二人三脚で成長してきた。しかし、近年はホンダからの受注が徐々に減っており、「パワートレインユニット製造部向けの売り上げもピーク時の3分の1か、4分の1くらいに減ってしまった」という。

地域経済にとっても影響は大きい。真岡市の担当者は「寝耳に水だった」と話す。同製造部の従業員数は、市内の工業団地で働く従業員の1割を占める。現在、県などと連携して閉鎖に伴う影響を調査中で、ホンダに対しては雇用や跡地活用などについて要望書の提出を検討している。

真岡商工会議所の増山明専務理事は、「雇用や取引による地域産業の発展という面だけでなく、市のブランド力の向上や地域イベントへの貢献もある」と指摘する。

工業団地の管理団体などからは「ホンダ側は全従業員を配置換えすると言うが、そもそも全員が転勤に耐えられるのか」といった声も出ているという。

自動車業界は現在、カーボンニュートラル（温室効果ガス排出実質ゼロ）に向けた電動化の嵐が吹き荒れる。エンジンを搭載しないEVへのシフトは、関連部品を手がけてきたサプライヤーにとっては死活問題となる。

ボストン コンサルティング グループの試算によると、21年の世界の新車販売台数に占めるEVの比率は1割にも満たないが、35年には5割近くに達する見通し。ガソリン車は1割まで減少する。

■ **2035年にガソリン車は1割まで減少**

―世界新車市場におけるパワートレイン別販売台数の予測―

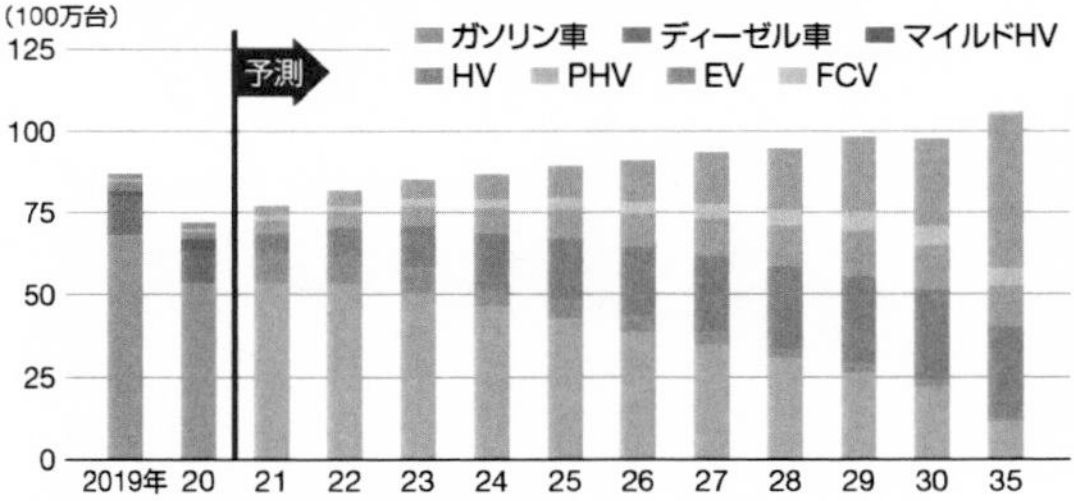

(注)2020年までは実績、21年以降は予測

(出所)ボストン コンサルティング グループの資料(21年4月発表)を基に東洋経済作成

こうした工場閉鎖の事例は真岡にとどまらず、今後は日本全国にも広がることになる。脱エンジンの波は避けては通れない。

エンジン部品縮小の最前線で、アオキシンテックが注力するのが自動車一本足からの脱却だ。これまで自動車分野で培ってきた生産ラインの自動化設備のノウハウを、他分野にも展開しようと営業を拡大。食品メーカーや製缶会社などから受注を獲得しており、数年前まで9割だった自動車分野の比率は5割になった。

ホンダ側からも新たな取引先の紹介や経営分析などの支援を受けており、「23年度には自動車分野の売り上げを3割まで引き下げたい」（青木CEO）と話す。

EVに必要となる電動部品は、すでにその部品を手がける企業がいることも多く、参入できたとしても厳しい競争は必至だ。このため、アオキシンテックのように異業種に活路を見いだす動きがエンジン系部品メーカーの間で広がる。産業機械や燃料電池、船舶といった産業分野に加え、医療や生活分野などまったく異なる領域へアプローチする企業もある。

あるホンダ系部品メーカーの首脳は「自動車メーカーは自分たちが勝ち残ることに

必死だ。口を開けて餌を待っている時代は終わった」と危機感を隠さない。

脱炭素の流れが自動車産業に及ぼす影響は、脱エンジンにとどまらない。国内の自動車生産は、直近2年はコロナ禍が響き年間800万台前後にまで落ち込んだが、コロナ前は900万台を超える水準を維持してきた。国内向けと輸出向けで約半分ずつを占める。

ただ、足元の国内新車市場はピークだった90年の777万台の3分の2に縮小。少子高齢化によるドライバー人口の減少で一段の縮小が不可避だ。

国内販売減少を補う形で国内生産を支えてきたのが輸出向けだ。最大手のトヨタ自動車はものづくりの基盤を維持するうえでも「国内生産300万台の死守」が欠かせないとしている。だが、国内生産の約6割を占める輸出向けにとって、今後、脱炭素が大きな逆風となりかねない。

車両の走行時に加え、原材料や部品の調達から製造、廃棄までライフサイクル全体での評価（LCA）でCO_2（二酸化炭素）の削減が求められるからだ。欧州では気候変動対策が不十分な国からの輸入品に事実上の関税をかける国境炭素調整措置も検討されている。

「カーボンニュートラルを考えた場合、当社の『ヤリス』は東北工場で造るより、フランス工場で造るほうが（環境性能が）よいということになり、日本では造れなくなってしまう」。トヨタの豊田章男社長は自身が会長を務める日本自動車工業会の会見でそのように語っている。

豊田社長が引き合いに出したフランスは総発電量に占める原子力の割合が7割と、電源の非化石化では優位に立つ。

欧州全体でも、電力に占める再生可能エネルギーの比率を現在の3割から、30年には6割に引き上げる計画だ。国際エネルギー機関によると、現時点で欧州の発電コストは再エネが火力よりも4割も安く、製造業にとって再エネを導入する動機づけになっている。

一方、日本の電力は電源構成の76％を火力に頼り、再エネは2割弱にとどまる（19年度）。日本の太陽光発電と陸上風力発電のコストは現状、いずれも世界平均の

2・6倍と割高だ。再エネのコストを引き下げつつ量を増やさなければ、自動車産業をはじめ製造業は競争力を失うことになりかねない。

「国のエネルギー政策に手を打たないと、日本にものづくりを残して雇用を維持し税金を納めるという、産業モデルが崩壊してしまう」と豊田社長の危機感は強い。

企業は生き残りを優先

中でも、マツダやSUBARUは国内生産台数のうち輸出向けの比率が8割を超すだけに、脱炭素への対応は待ったなしだ。

マツダは広島県と山口県に構える2工場で約100万台の国内生産能力を持ち、25年度の中期経営計画でも国内生産80万〜90万台の維持を掲げる。ただ、コロナ禍が響き、20年、21年は2年連続で75万台を割り込んだ。

EV化が進めば、輸出減は避けられない
—自動車の国内生産・販売・輸出台数の推移—

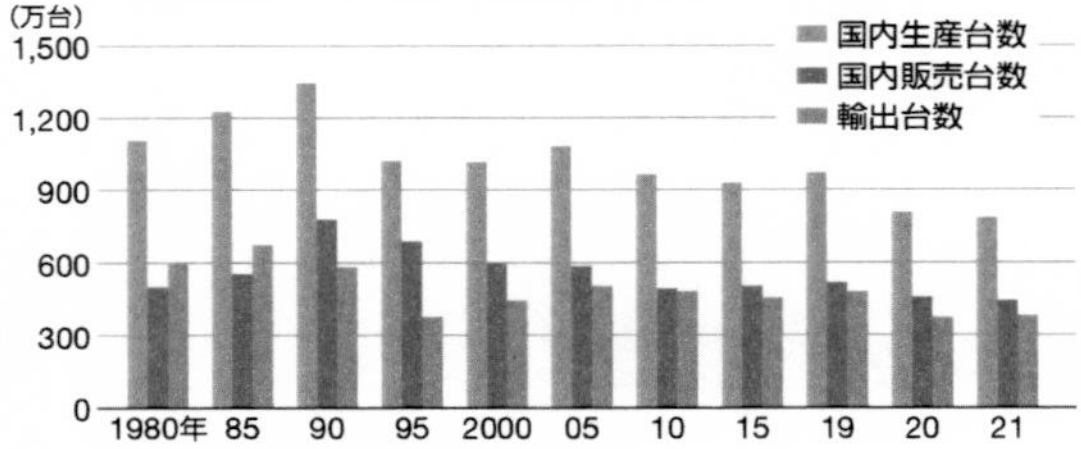

(出所)日本自動車工業会の資料を基に東洋経済作成

マツダやSUBARUは輸出が8割を超える
—日本車メーカーの国内生産台数の内訳—

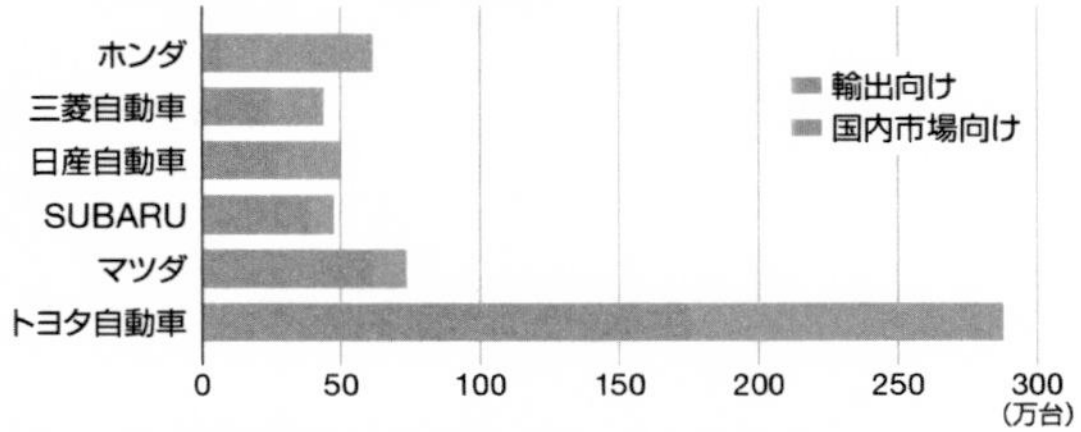

(注)2021年、国内市場向けはOEM(相手先ブランドによる生産)を含む
(出所)各社の資料を基に東洋経済作成

樹脂部品や金型を製造するマツダの2次下請け企業の社長は「国内生産80万台が最低ライン。それを下回れば経営リスクだ。今はとにかく生産台数を元に戻してほしい」と語気を強める。

ある日系自動車メーカー大手の幹部は「海外で環境規制が厳しくなった場合、日本でクリーンエネルギーを安価に調達できなければ、輸出向けを海外生産にシフトすることになる。国内の雇用に対する責任もあるが、企業としては生き残ることを優先せざるをえない」と苦しい胸の内を明かす。

EVの製造でも「地産地消」の流れが強まる可能性が高く、輸出に依存する国内生産には逆風だ。現在主流のリチウムイオン電池は発火の危険性があるうえ、重量も大きく、EVの需要がある国やその近接地域で製造しEVに搭載するのが効率的とされるためだ。

日系大手サプライヤーの幹部は「脱炭素の流れは、需要のある地域内で部品を調達して製品を造る『ブロック経済化』を加速させている」と指摘する。前出のマツダ2次下請けの社長は「EV化で日本から海外に生産がシフトしても、自分たちには海外に工場を出す体力がない」と諦め顔だ。

資源が乏しい日本は、技術力を磨き、性能が優れた製品を輸出することで経済を発展させてきた。国内の自動車産業の輸出額は年間約１５兆円。日本の化石燃料輸入額の大半をカバーする。脱炭素の荒波の中で、この加工貿易モデルを維持できるか。屋台骨である自動車産業の選択は日本全体の針路を左右する。

（横山隼也、木皮透庸）

【電池】中韓勢の巨額投資に勝てるか

車載電池　国内生産の高い壁

自動車の「100年に一度の大変革」を駆動する電動化。その肝となる部品が電池だ。車載電池は重量や安全性の観点から、EV（電気自動車）の生産工場がある現地での生産・調達が一般的だ。「自動車の日本」に電池産業も根付くのか。

2022年1月末、日本の電池業界を率いる精鋭が一堂に会した。パナソニック、豊田通商、プライム プラネット エナジー&ソリューションズ（PPES）、東京大学生産技術研究所が産学連携協定を結んだのだ。目的は車載電池リサイクル分野での新技術の導入。主要部材である正極材のリサイクルや、生産時に排出される二酸化炭素（CO2）量の大幅削減やコスト削減を目指す。

背景には欧州を中心とした環境規制強化の動きがある。CO2総排出量の上限、リサイクル材の使用など今後導入される規制に適応できなければ、日本で製造した電池が使われなくなる。

パナソニックエナジー社の渡邉庄一郎副社長は「スピード感を持ってやらないと2025年以降は戦えない」と危機感を持つ。車載電池で世界シェア3位のパナソニック、同社とトヨタ自動車の合弁であるPPES、東京大学が組むことへの国内産業界の期待は高い。

量産投資の力点は国外

だが、こうした技術が電池の国内生産拡大につながると考えるのは早計だ。そもそも日本の自動車生産台数は世界の約1割しかない。仮にすべてがEV生産に替わっても、世界からみた日本での電池の絶対需要量が多いわけではない。

大規模投資によってコスト面で優位に立つ中韓勢や環境対応で先行する欧州勢とシェアを競うならば、国内ではなく、市場の大きい中国や欧米に進出せざるをえない。

パナソニックは22年2月、和歌山で新型円筒形車載電池「4680」の量産を行うと発表した。だが、同社は車載電池の約8割を米国で製造している。世界では数千億円の投資が多い車載電池だが、和歌山の投資額は800億円程度と見られる。海外での大量生産を視野に量産技術を確立する位置づけだ。

撮影：今井康一

量産化を急ぐパナソニック

パナソニックや東京大学などは車載電池の再利用技術に関する産学連携協定を結んだ(上)。パナソニックは大容量化した新型車載電池「4680」の量産技術確立を急ぐ(右)

トヨタ自動車も同じで、豊田通商とともに米ノースカロライナ州に電池工場を建設すると21年に発表。「PPESとしても米国電池工場と絡んでいる」（PPES幹部）という。パナソニックの主要顧客である米テスラは米国が主な生産拠点で、電池製造の拠点が国外となるのは自然な流れといえる。

企業の国外生産に国も理解を示し始めた。経済産業省で2月に開かれた電池戦略を検討する官民協議会。国内での生産基盤強化の議論だけでなく、海外生産拠点を含めた生産規模の目標値を日系企業という区分で設定する意見も出た。

日本勢は世界市場でまず中国や欧米で勝ち抜く必要がある。CATLやLGエナジーソリューションなど中韓勢は強力な資本力で巨額投資に突き進む。海外の競争で生き残れなければ、日系メーカーは国内需要さえ海外勢に譲ることになる。

（劉　彦甫）

日本の鉄が生き残る道

「今朝、日新さんの高炉の火が消えた」。広島県呉市、呉駅前でタクシーに乗り、「製鉄所へ」と告げると運転手はそうつぶやいた。この日、2021年9月29日未明、「日新さんの高炉」が約60年の操業を終えていた。

日本製鉄が17年に子会社化した日新製鋼を吸収合併したのは20年のこと。旧日新製鋼・呉製鉄所は「日本製鉄の瀬戸内製鉄所呉地区」となったが、地元では今も「日新さん」のようだ。

高炉とは鉄鉱石を原料炭（石炭）由来のコークスで還元して鉄を造り出す、鉄鋼メーカーの象徴だ。呉には2基の高炉があったが、2基とも操業停止を意味する休止となった。23年9月末に拠点自体が閉鎖される。協力会社まで含めると約3000人の雇用が失われる。

日鉄は21年9月末に和歌山でも高炉1基を休止。25年3月末までには鹿島（茨城）の高炉1基を止める。鋼板や鋼管などを造る下工程も日本各地で生産設備削減を行っている。ＪＦＥホールディングス（ＨＤ）も23年9月をメドに京浜（神奈川）の高炉休止を発表済みだ。

再編とリストラを繰り返してきた日本の鉄鋼メーカーが、再び国内リストラを加速している。

国内生産能力の縮小に踏み出した
—各社の高炉の状況—

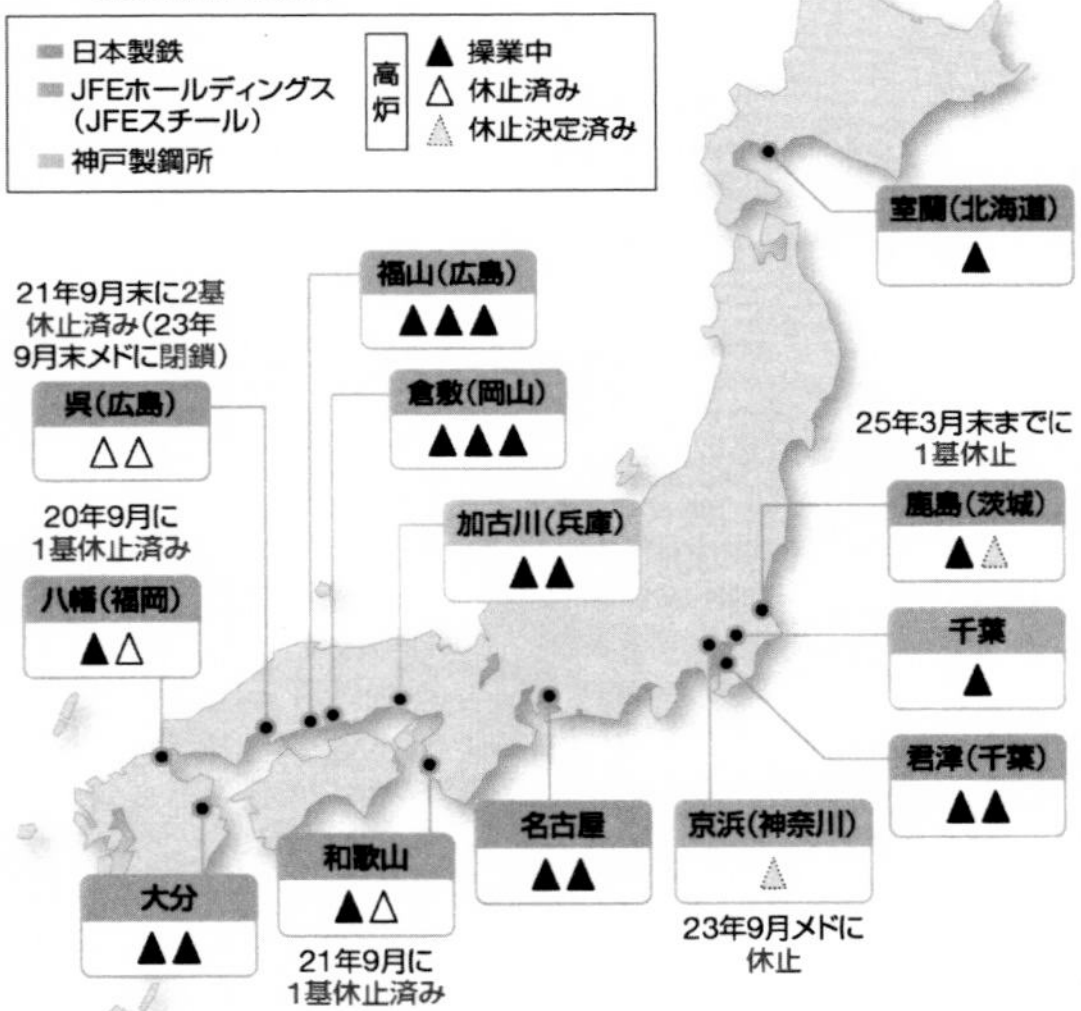

(出所)各社公表資料と取材を基に東洋経済作成

2年でV字回復の理由

業績は近年にないほど好調だ。21年度の純利益見通しは、日鉄が5200億円で最高益、JFEが2700億円で15年ぶりの高水準となる。19年度は米中摩擦激化を受けた鉄鋼需要縮小と一部製鉄所の減損によって日鉄が4315億円、JFEが1977億円の最終赤字を計上。コロナ禍の20年度も黒字に届かなかった。

たった2年で業績がV字回復したのはなぜか。

実は2社とも21年度の粗鋼生産量は19年度に及ばない。そんな中、減損を含めた固定費の削減や原材料高に伴う在庫評価益拡大が利益を押し上げた。ただ、最大の要因はマージン（利ザヤ）改善だ。原料価格も高騰したが、鉄鋼製品の価格上昇がそれを上回った。

マージン改善に貢献したのは2つ。まず輸出だ。コロナ禍からの経済回復によって世界的に鉄鋼市況が上昇。日本からの輸出が多い東南アジアでは19年度末から21年度前半にホットコイルの市況が約2倍に値上がりしたことで、輸出採算が急速に改善した。

日本国内の鉄鋼需要は1990年をピークに右肩下がり。1990年前後や2000年代、10年代に各社は生産能力を縮小したが内需減少には追いついていない。過剰能力を輸出に振り向けることで温存してきた。だが、2000年以降に中国の生産能力が激増すると、時に国外へあふれ出る中国製鋼材との価格競争の激化で、輸出採算が悪化することも少なくなかった。

■ お隣の中国が巨大な生産能力を有する
―日本、中国の粗鋼生産量と日本の輸出比率の推移―

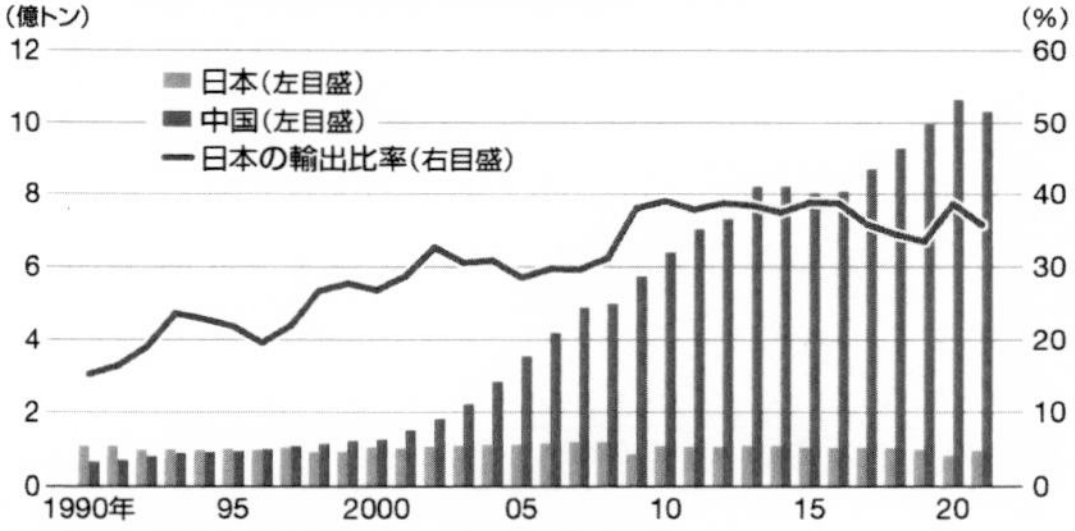

(出所)WSA(世界鉄鋼協会)のデータを基に東洋経済作成

■ 内需減を輸出増で補ってきたが…
―日本の鉄鋼生産と鋼材振り向け先―

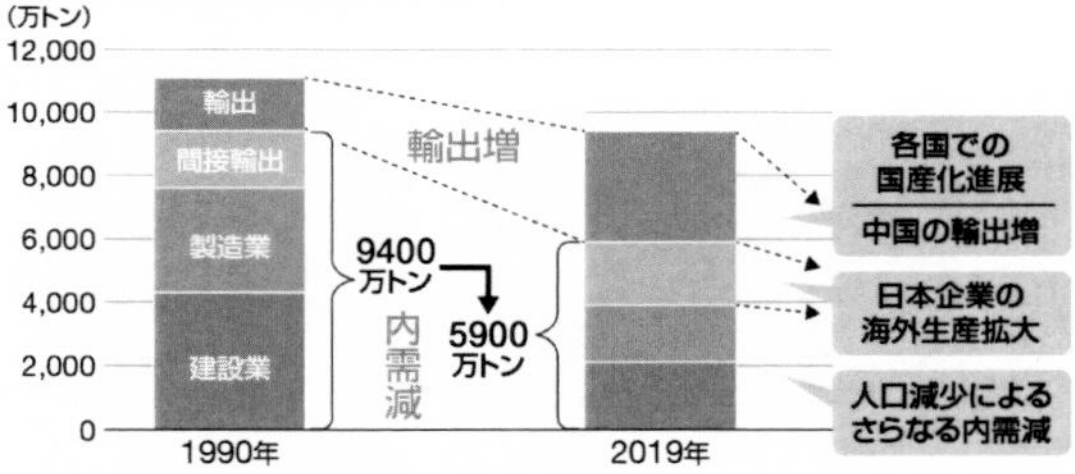

(出所)日本鉄鋼連盟、日本製鉄の資料を基に東洋経済作成

しかし、21年度は中国からの輸出が抑制された。カーボンニュートラル（温室効果ガス排出実質ゼロ）の圧力もあり、中国政府が粗鋼減産を指示。輸出優遇措置も縮小したからだ。

輸出マージンの拡大は一時的な追い風に恵まれた感が否めない。一方、本質的な体質改善も進んでいる。日鉄の橋本英二社長が「陥没」と表現してきた〝ひも付き価格〟は「大きく是正が進んだ」（同）。

ひも付きは、国内大口顧客と直接価格交渉をして取引する契約。鉄鉱石と原料炭（主原料）の価格は一定の計算式で鋼材の価格に転嫁されるが、個別交渉で決める副原料や物流費、製品の価値そのものが価格に十分反映されていないと鉄鋼メーカーは不満だった。

だが21年夏、トヨタ自動車との「チャンピオン交渉」に、日鉄は供給カットも辞さない強気の姿勢で臨み、21年4〜9月分は前半期比で約2割の値上げを勝ち取った。トヨタ側は「日本のものづくりをともに頑張ってきた。供給を盾に取る態度は残念だ」と不快感を示したが、21年10月〜22年3月分も10％以上の値上げが実現。22年4〜9月分も早々に値上げが決まっている。

「トヨタの提示する価格に、冗談じゃないという不満がつねにあった」と日鉄元役員は打ち明ける。例えば、モーターに使われる電磁鋼板は薄くすれば性能が上がる。日鉄が懸命に薄型化を実現すると1台当たりの納入量が減ってしまうが、「さらに値段は下げろ、と。10年ごろにトヨタの要求を蹴ったが、JFEへの調達切り替えをチラつかされた結果、値下げを受け入れて取引の半分を返してもらった。それ以降はトヨタとけんかできなくなった」(同)。

巨大な装置産業の鉄鋼業で、稼働率の低下は赤字に直結する。過剰生産能力を持つ限り、トヨタの機嫌を損ねて取引縮小となるリスクは取れない。屈辱的な敗北のトラウマもあってトヨタ優位が続いてきた。この構図に風穴を開けたのが日鉄の橋本社長だ。

19年に社長に就任すると、操業維持のための安値受注から脱却すると公言。20年2月には呉の閉鎖や和歌山の高炉休止など国内生産設備の縮小を打ち出した。痛みを伴う構造改革に踏み出したことで、トヨタと戦えるようになった。

21年秋、日鉄が中国の最大手鉄鋼メーカー・宝山鋼鉄とトヨタを特許侵害で訴え、各200億円の損害賠償を請求する事件が起きた。対象は高効率モーターに使われる無方向性電磁鋼板で、搭載するハイブリッド車（ＨＶ）の製造・販売の差し止めも申し立てた。

橋本社長は「経営において技術はいちばん大事。守っていくのは当たり前だ。それができないなら製造業の根幹が崩れる」と語る。正論ではあるが、国内生産能力削減に手をつけていなければ特許訴訟も難しかったはずだ。

想定超える脱炭素の加速

近年、日本の粗鋼生産は年間１億トン強、このうち高炉が約７５００万トン、残りが電炉だ。ＪＦＥの京浜、日鉄の鹿島が休止となると生産能力はおよそ６５００万トンになる。もっとも、これで十分とは言いがたい。生産の振り向け先がいずれも先細りであるからだ。

言うまでもなく内需は厳しい。少子高齢化が進む中、建設向けの成長は期待薄。製造業向けは製品として輸出に回る間接輸出も含めて、顧客の海外現地生産拡大で基本は縮小していく。

世界の6割弱、日本の10倍を生産する中国は沿岸部の製鉄所も増えており、いずれ輸出市場にあふれ出てくる。東南アジアでの国産化も進んでおり、中長期では輸出も逆風となるのは確実だ。

ただし、ここまでならある程度想定の範囲内ではある。日鉄の森高弘副社長は、「鹿島の1基休止までの中期計画は内需も間接輸出も直接輸出も減る前提で作った」と説明する。だが、「カーボンニュートラルの要求がここまで急に進むことは織り込めていない」(同)。

「酸化鉄である鉄鉱石を石炭の炭素で還元する高炉は、原理的に大量の二酸化炭素(CO2)を排出する。鉄鋼各社は高炉での一部水素還元やCCUS(CO2の回収・利用・貯蔵)技術の活用で低炭素化に取り組んでいるが、厳格なカーボンニュートラルを求められれば高炉の操業は難しい。

脱炭素の有力な選択肢は2つ。まずは電炉の活用だ。鉄スクラップを原料とする電炉は高炉に比べてCO2排出量が4分の1と小さい。もう1つが完全水素還元。炭素の代わりに水素で還元することで、排出されるのは水となる。

もっとも、再利用品であるスクラップだけでは需要のすべてを賄えないうえ、電磁鋼板や超ハイテン材といった高級鋼は電炉ではまだ造れない。完全水素還元も、熱を奪う反応をコントロールして実用化するメドは立っていない。しかも高炉では仕組み上、完全水素還元がほぼ不可能なため、ゼロから設備を新設する必要がある。大量のグリーン電力、グリーン水素の調達の道も見えていない。

各社の高炉は老朽化しており30年ごろから改修時期を迎えていく。いずれ新たな選別を強いられることは間違いない。

高炉から電炉へのシフトは始まっている。日鉄は広畑（兵庫）で電炉を22年中に立ち上げる。電炉で高級鋼を造れる技術の開発にも力を入れる。JFE、神戸製鋼所も電炉を造ることになるだろう。だが、高炉の減少分をすべて電炉で補うことは現実的ではない。

JFEHDの寺畑雅史副社長は個人的見解と断ったうえで、「50年には鉄鋼生産は地産地消か原料立地になっていくと考えている」と語る。そのとおりなら国内生産のもう一段の縮小は不可避だ。数年前、日鉄では粗鋼生産のファブレス化の可能性さえ検討された。

国内が撤退戦を迫られる分、成長戦略は海外となる。日鉄はグローバル1億トンの生産能力確保を掲げ海外での投資を活発化。22年2月にはタイの電炉メーカー2社を480億円で子会社化した。最大400億円を追加投資して完全子会社化する可能性がある。また米国の合弁会社で大型電炉を建設、インド合弁でも能力拡張を計画する。JFEHDの柿木厚司社長も「国内の増強はない。増強するとすれば海外だ」と強調する。

とはいえ、各社が日本を諦めたわけではない。カギとなるのは技術開発だ。高炉でのさまざまな低炭素化技術の開発に力を注ぐと同時に、完全水素還元の技術でも世界に先駆ける。カーボンニュートラル社会で求められる電磁鋼板などの性能を高めるほか、高付加価値品の生産比率を高めていく。

「日本の産業を技術と生産で支える。カーボンニュートラル技術の開発は日本製鉄にしかできない」(橋本社長)。「鉄は国家なり」の誇りは健在だ。

(山田雄大)

【石油化学】コンビナートは変われるか

川崎臨海部を脱炭素拠点に

旧海軍の軍港が置かれ、にぎわいを見せた徳山（現在の山口県周南市）は戦後、コンビナートの街に姿を変えた。

出光興産が海軍拠点跡に同社初となる製油所を建設し、1957年に操業を始めた。当時、東洋一の規模と最新鋭の設備を誇った徳山製油所を中核として、周辺に石油・化学産業が集積した。

ところが、出光は2014年に徳山製油所の石油精製を停止し、徳山での燃料油生産をやめた。

稼働停止の理由は明らかだ。自動車の低燃費化などで国内の石油需要が減少しているからだ。石油精製量の削減に手をつけなければ、石油製品が市場にだぶつく。製油所の縮小・閉鎖は避けては通れない。効率が悪くなってしまった製油所は閉鎖するほかない。

石油業界でこうした決断はもはや珍しいものではなくなった。コスモ石油は13年に坂出製油所（香川県）を閉鎖。JX日鉱日石エネルギー（現ENEOS）も14年に室蘭製油所（北海道）での石油精製を停止した。2000年前後と比べ、業界全体での石油精製能力は約3割も減った。

精製能力の削減は今後も続く。ENEOSは中期経営計画（20～22年度）で燃料油需要は40年には現在の半分になると予測している。加速する脱炭素への流れから需要減はさらに早まるといわれているからだ。

業界再編も相次いだ。17年4月にJXホールディングスと東燃ゼネラル石油が統合して現在のENEOSホールディングスが誕生。19年4月には出光興産と昭和シェル石油が経営統合した。かつては十数社あった石油元売りは、ENEOS、出光、コスモエネルギーホールディングスの3社を軸とした体制が固まった。

石油と地続きの化学産業

こうした逆風は石油産業だけのものではない。というのも、製油所で造られるのはガソリンや重油、灯油などの燃料だけではないからだ。石油の精製過程でできるナフサを原料にエチレンやプロピレンなどといった基礎化学品が造られる。これがプラスチックや合成繊維、合成ゴムなど、さまざまな産業で必要な素材へと姿を変えていく。

石油精製との一体運営が進む化学業界にとっても、化石燃料を原料とする性質上、大量の温室効果ガス（ＧＨＧ）排出は事業の根本を揺るがす最大の課題だ。化学業界で「石油化学」と呼ばれるこれらの事業は、コモディティーであるがゆえに利益率も高くない。このため、より利益率の高い半導体材料などの機能性化学に特化し、石化事業を切り離す動きもある。

例えば、業界最大手の三菱ケミカルホールディングスは２０２１年１２月、石化事業と石炭から製鉄原料のコークスを造る炭素事業を分離すると発表した。他社への売却やＩＰＯ（新規株式公開）を検討する。同社の石化事業は、鹿島（茨城県）や水島

（岡山県）のコンビナートの一部を構成しており、石油化学サプライチェーンへの影響も懸念される。

川崎臨海部の挑戦

需要の減少だけでなく脱炭素の広がりは、コンビナートに構造変革を迫る。石油が源流である以上、脱炭素など不可能な目標にもみえる。それでも果敢に変化に対応する動きはある。

その1つが、川崎市の進める「カーボンニュートラルコンビナート」構想だ。2050年に水素利用やカーボンリサイクルを軸としたコンビナートの実現を目指す構想で、3月末にパブリックコメントの結果を発表する予定だ。

川崎の臨海部にはＥＮＥＯＳの製油所のほか、昭和電工の化学プラント、ＪＥＲＡ（ジェラ）の火力発電所などが集積する。国内でも屈指のコンビナートだ。これらの産業が市町村別の製造品出荷額全国2位という「ものづくりの川崎」を支えている。

それだけに、臨海部から産業が消え、生じた空白エリアが単なる物流拠点ということになってしまえば、雇用だけでなく、税収上のインパクトも大きい。

ただ、コンビナートを構成する個社の努力に委ねるだけでは限界がある。「エリアとして取り組みを束ねる行政の働きが重要だ」と市の担当者は語る。同様の声は事業者側からも頻繁に上がっていた。

構想は大きく「エネルギー」と「原料」の、2つの軸で構成される。1つ目は水素を中心とした次世代エネルギーへの転換、2つ目は廃プラスチックなどの資源活用による工業原料の転換だ。これらはすなわち、石油化学コンビナートが直面する課題に正面から向き合うことを示している。

まず、エネルギー転換。ここでは川崎臨海部にすでに敷設された水素や蒸気、原料などを融通し合うためのパイプラインを活用する。

さらに、将来的に水素の燃焼による発電への転換を見込む発電設備が立地することも大きい。ＪＥＲＡが有する天然ガス火力発電所などを合わせると、８００万キロワットを超える発電能力がある。

20年5月には、輸入水素の混焼実験も東亜石油の製油所内で始まった。水素活用の障壁の1つが、どのように海外から輸送するかだ。これについてはマイナス253度という極低温に冷却・液化しなければならない水素を運びやすくするため、水素をトルエンと化学合成し、メチルシクロヘキサン（MCH）にして輸送。製油所内で水素とトルエンに分離して水素を利用するという手法を取った。

もう1つは廃プラスチックなどの活用による炭素循環型のコンビナートへの転換だ。石油由来の原料から化学製品を製造するというこれまでのプロセスを一新することを目指す。関東地方で発生する廃プラを基礎化学品に戻すケミカルリサイクルを行い、化学製品を製造する。

さらに、CCUS（CO2の回収・利用・貯蔵）の活用も狙う。川崎市周辺で回収したCO2由来のナフサを合わせれば、川崎臨海部の化学原料需要を賄える可能性もある。川崎市が掲げる構想の実現へ向けた歩みは着実に進んでいる。

■脱炭素の波で変わるコンビナート

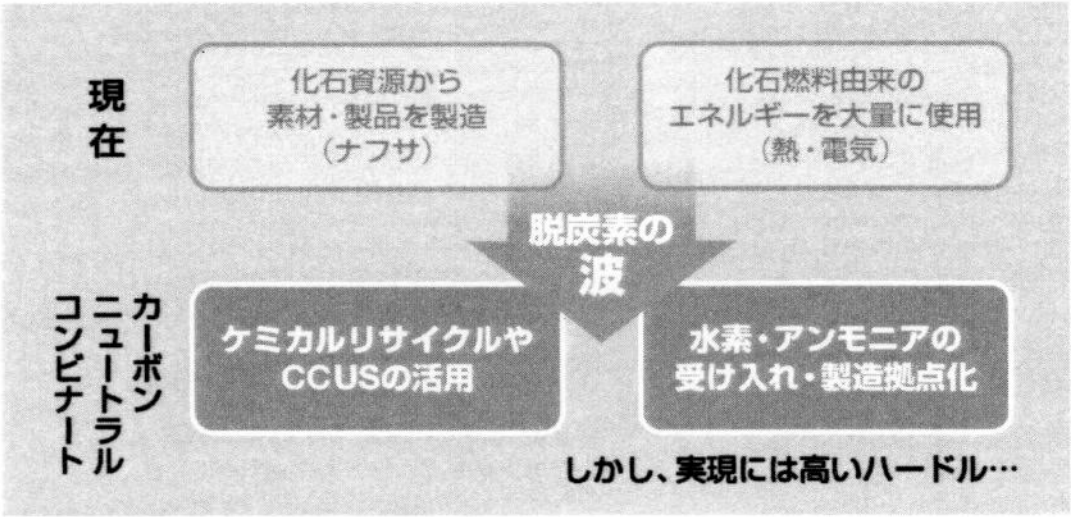

（出所）川崎市資料などを基に東洋経済作成

同様の取り組みは、ほかのコンビナートにも広げられるのか。ある業界関係者は「川崎は恵まれている」と話す。川崎市は以前から専門部署を置き、行政主導で臨海部の活性化に取り組んできた。15年には全国に先駆けて「水素戦略」を策定。そもそも権限委譲の進んだ政令指定都市であり、思い切った施策を取るための人的資源も豊富だ。

茨城県の鹿島など同様の構想を抱くコンビナートもある。ただ、こうした業態転換の取り組みがうまくいくとは限らない。資源エネルギー庁の幹部は「改革を進めても、すべてのコンビナートが生き残れるとは思えない」と、ばら色の未来は予測していない。今後、コンビナートの選別が進むことになりそうだ。

（大塚隆史）

INTERVIEW

「脱炭素でコンビナートは変わる」

国際大学 副学長・橘川武郎

窮地に追い込まれる石油・化学産業。その生きる道を、川崎カーボンニュートラルコンビナート検討会議の座長を務める橘川武郎・国際大学副学長に聞いた。

――石油産業が縮小しています。

現在、閉鎖が決まったENEOS和歌山製油所を含めて全国には日量約350万バレルの石油精製設備がある。大手元売り3社は、これを90万バレルくらい減らし260万バレル程度にする方向で考えているようだ。

一方で（石油化学製品の材料になる）エチレンの製造は今でも90％以上の稼働率

が続いている。21年国が作ったエネルギー基本計画でも、2030年のエチレン生産量は570万トンと減らない想定だ。これには、中国で増産が進んでいないなど国際的な要因がある。石油精製量が減っても、エチレンの原料のナフサを輸入すれば生産量維持は可能だ。

――コンビナートが生き残る条件は何でしょうか。

カーボンニュートラルへの対応ができるかが重要になる。エチレン製造は残っても、それ以外の化学製品も造る工場群としてのコンビナートは今の半分くらいにまで減る可能性がある。

すでに差はつき始めていて、水素利用などで先行する川崎や伊勢湾が有利だ。川崎のコンビナートはＥＮＥＯＳの製油所や化学プラントを中核とする。ＥＮＥＯＳがカーボンニュートラルに積極的なことが大きい。

川崎は、大型船舶が着岸できる埠頭があるうえ、ＥＮＥＯＳやＪＥＲＡ（ジェラ）の天然ガス火力発電所もある。日本で最も水素需要が高いエリアで、水素利用に向けた可能性が大きく広がっている。自治体も積極的だ。

他方で、大分などほかのコンビナートの立地する自治体が危機感を持ち始めている。ただし複数の自治体にまたがるコンビナートでは、一枚岩となって施策を展開しているとはいえないケースもある。

リサイクルに活路あり

――脱炭素がキーワードですね。

脱炭素において、化学産業は決定的に重要だ。

国内では鉄鋼業に次いで温室効果ガス（GHG）を排出している。中でもナフサ分解炉（ナフサを原料にエチレンを製造する設備）が最もGHGを排出する。この熱源をアンモニアもしくは水素に変えていくことが1丁目1番地の問題になる。

それに加えて、化学業界に固有の話題として廃プラスチックを溶かして化学原料にするケミカルリサイクルがある。技術的には課題もあるが、CCU（二酸化炭素の回収・有効利用）も同様で、化学産業がCCUのほぼすべてを担っていくと言っても過言ではない。ナフサを代替できれば脱炭素化に大きく貢献できる。そこに石油・化学産業の活路がある。

——日本に石油・化学産業を残していく意義は何でしょうか。

日本にはCCUやケミカルリサイクル、水素やアンモニアの利用に関して優れた技術がある。石油・化学産業が日本に立地し技術を生かすことは、日本だけでなく世界にとって意味がある。

LCA（製品の製造から廃棄までの環境負荷の評価）という考え方も日本が引っ張ってきた。例えば、鉄ではなく炭素繊維を使って自動車や飛行機を軽量化すれば燃費がよくなる。利用拡大とともに炭素繊維製造時のGHGを減らせば、サプライチェーン全体で温暖化対策に貢献できる。

（聞き手・大塚隆史）

橘川武郎（きっかわ・たけお）

1951年生まれ。東京大学、一橋大学、東京理科大学などの教授を経て2021年から現職。川崎カーボンニュートラルコンビナート検討会議座長を務める。

【造船・重工】頼みの綱は水素、CCUS

止まらない造船業の縮小

コロナ禍による物流混乱に伴う海運市況の上昇を受けて、一時冷え込んでいた造船市況も回復傾向だ。温暖化対策のために環境効率のよい船への需要が高まっており、技術力の高さを売りにする日本の造船各社には追い風が吹いているように見える。

しかしそうした要因があっても、造船業界は構造的な変革を迫られている。「より大きな枠組みで事業の持続的成長を期待したい」。2021年3月29日、三井E&Sホールディングス（旧三井造船）は、自衛隊や海上保安庁向けの艦艇・官公庁船事業を三菱重工業に売却することを決定した。記者会見で三井E&Sの岡良一社長は、硬い表情のまま淡々と説明。残る商船事業も「一般的な商船を造ることは想定していない」と話した。建造は協業先の常石造船に任せ、自らは設計に特化した「ファブレス造船」に移ることを宣言した。

１９１７年に三井物産造船部として創業した同社にとって、この決断は祖業を手放す苦渋の選択だ。２１年秋、創業の地である岡山県玉野市の玉野工場を記者が訪れると、三菱のマークをつけたクレーンが並んでいた。この地に５０年近く暮らすという女性は「玉野といえば三井。少し寂しい」と話す。

三井E&Sはインドネシアで受注した石炭火力発電所の工事で、１８年度以降複数回にわたって巨額減損を計上。経営危機に陥った結果、事業の切り売りを迫られたという事情はある。だが、こうした再編の動きはほかにも相次ぐ。

２０２０年3月、業界最大手の今治造船と2位のジャパン マリンユナイテッド（JMU）が資本・業務提携を結んだ。翌２１年1月に共同で設計・営業を行う合弁会社「日本シップヤード」を設立。多数隻の一括受注や環境規制に対応した最新鋭機種の提案を強化する。

造船会社は、地元の造船所が成長したオーナー系と、総合重工メーカー傘下の重工系に大別され、社風や戦略などで長く「水と油」といわれてきた。オーナー系の今治造船と重工系のJMU。両社が手を結ぶのは、以前ならば考えにくいことだった。

提携は、具体的な造船作業の分担や調達先の調整など、詳しいことを決めないままでのスタートになった。両社が合意を急いだ点について聞くと、合弁新会社の檜垣清志副社長（今治造船専務）は「日本国に造船業を残すため」と返答した。業界最大手であっても今後の生き残りは難しい。提携にはそんな強い危機感があった。

規模で劣る企業の場合、事情はさらに深刻だ。21年2月には佐世保重工業が新造船事業を休止すると決定、サノヤスホールディングスも造船事業を新来島どっくにわずか100万円で売却した。債務超過に陥っていた佐世保重工は22年2月に親会社の名村造船所から債務株式化の支援を受けると発表した。

1980年代に20万人を超えていた造船業界の従業員は21年には5万人と40年で4分の1になった。業界では現在の市況回復は一時的だとの見方が根強く、縮小の動きは今後も続く可能性が高い。

新技術で起死回生なるか

過剰な設備を整理する一方で、重工系メーカーが力を入れているのが、水素やCCUS（CO2の回収・利用・貯蔵）といった新技術だ。発電やプラントなど多様な事業を抱える重工系メーカーは、新事業として期待をかける。

21年12月、川崎重工業が開発した世界初の液化水素運搬船「すいそ ふろんてぃあ」が豪州に向けて神戸港を出港した。現地で製造した液化水素を日本まで運ぶ計画だ。橋本康彦社長は「世界のスタンダードになる」と、意気軒高だ。同社は水素事業で30年に売上高3000億円、50年に2兆円という野心的な目標を立てる。達成できればこれまで会社を支えてきた造船や火力発電ビジネスの縮小を補って余りある規模だ。

川崎重工はそのための財務体制整備にも着手した。20年度には造船の主力工場である坂出工場の固定資産40億円の減損を計上。同社幹部は「バランスシート上には土地と建物の簿価程度しか残っていない」と話す。これは、今後の国内造船事業での収益は見込めないことを意味する。代わりに坂出は水素関連のエンジニアリング拠点にする狙いがあり、成功すれば地域経済を救う一手にもなりうる。

カーボンニュートラルを成長領域に、という動きは三菱重工やIHIなどほかの重工系メーカーにも広がる。三菱重工は21年10月に、顧客による自社製品の使用を含めたカーボンニュートラルを40年に達成すると宣言した。火力発電設備を扱う同社は製品使用により排出される温室効果ガスが膨大で、その量は日本全体の排出量を超える。これを実質ゼロにするためには抜本的にビジネスを変える必要がある。

三菱重工の場合、近い将来の稼ぎ頭と見込むのがCCUSだ。中期経営計画では30年に水素・CCUS関連で3000億円の売上高とそろばんをはじくが、そのほとんどがCCUS関連になるという想定だ。現在、世界シェアの7割程度を占める優位性を武器に攻勢をかける。

ただし、これらの動きが雇用につながるかはわからない。例えば、川崎重工は特許などで技術を囲い込んだうえで他社にライセンスを提供する戦略を描いており、製造は中国など他国が担う可能性が高い。パイロットラインなど一定の製造能力は国内に確保する方針だが、現在よりも規模が小さくなるのは確かだ。これまでなかった産業であるだけに、サプライチェーン形成などに課題もある。

造船・重工業界は高度成長期に多くの雇用を抱え、日本の産業を支えてきた自負がある。最近では三菱重工がジェット旅客機「三菱スペースジェット（旧ＭＲＪ）」開発を通して、日本に航空機産業を根付かせようとした。部品点数が自動車の１００倍にもなる航空機産業は裾野が広く、地元自治体も巻き込んでの挑戦だったが、開発の遅れから断念を余儀なくされた。

水素・ＣＣＵＳがその代わりになりうるのか。その道筋はまだ不透明だ。

（高橋玲央）

【半導体】シリコンアイランドは再興できるか

TSMC・1兆円投資の夢と不安

「7〜8年前は人が余っていて、企業に補助金を出して雇用をお願いしていた。状況がガラリと変わった」

熊本県菊陽町の今村太郎商工振興課長は驚きを隠さない。熊本市のベッドタウンとして、近年人口が増えているこの町でも、感じたことのないレベルで企業の採用熱が高まっているという。

熱狂の中心は、今世界で最も成長力のある産業、半導体だ。受託製造（ファウンドリー）世界最大手のTSMC（台湾積体電路製造）が、日本初の工場の建設を2021年10月に表明。22年4月にも着工し、24年末までの稼働を目指す。21・3万平方メートルにも及ぶ広大な予定地はすでに更地となって工事を待つばかりだ。

ソニーグループの半導体事業子会社であるソニーセミコンダクタソリューションズ（SSS）、自動車部品大手のデンソーも出資し、合弁会社として運営する。工場予定地はSSSの既存工場の隣だ。

投資総額は86億ドル（約1兆円）。このうち約半分を国が補助する見通しだ。当初はイメージセンサー向けを念頭にロジック（演算用）半導体を製造する予定だったが、デンソーの出資も決まり、新たに自動車用途の可能性も出てきた。

半導体の先端度合いを表す回路線幅は22～28ナノメートルから始め、12～16ナノメートルまで微細化する計画だ。ロジック半導体では目下、日本国内ではルネサスエレクトロニクスが製造する線幅40ナノメートルの半導体が最も先端なので、日本ではこれまで実現したことのない線幅になる。

「国内半導体産業の再興」を掲げる経済産業省が口説いた国策誘致で、萩生田光一経済産業相（当時）は「わが国の先端半導体製造のミッシングピースを埋める」と意気込む。

ソニーのイメージセンサーはスマートフォンのカメラなどに使われ、世界シェアの半分近くを握る。今後はさらに、自動運転や工場省人化のためのＩｏＴ機器といった用途への拡大が見込まれる。

ソニーはイメージセンサーに付属するロジック半導体の生産をＴＳＭＣに委託する大口顧客だ。自動車業界でも、半導体不足が生産に影を落としている。ファウンドリーが供給能力を拡大することや、国内立地による地政学リスクの分散は、デンソーのみならず日本の産業全体にとっても望ましい。

地元の期待も高まる。合弁会社が本社を置く熊本市に納める法人事業税に加え、高価な装置をいくつも用いる半導体工場であるため、菊陽町では安定財源である固定資産税を相当額見込んでいる。

さらに関連産業の増産投資や、住民税の増加、消費活動の活性化といった好循環が進みそうだ。このような背景から菊陽町は、「順調にいけば、数年後に地方交付税の不交付団体になる」（商工振興課の今村課長）見通しだ。

熊本県は阿蘇山の火山活動により保水性の高い地質であり、半導体の前工程で必要となる大量の水を地下の水源から確保できる。

空港やインターチェンジの近くでも安価な土地が残っていることや、「進出したい企業から話があったときに、すぐに提供できるよう工業用地を先手で整備してきた」（熊本県企業立地課の松岡満男審議員）という行政の努力もあり、半導体産業が集積してきた。「税収や雇用確保の面で恩恵が大きい」（松岡氏）と期待を寄せる。

人材争奪戦に発展も

歓迎ムード一色のＴＳＭＣ進出だが、乗り越えるべき課題もある。

最も差し迫っているのが技術者確保の問題だ。新工場の稼働には１７００人の人員を必要とする。そのうち約３００人は台湾のＴＳＭＣ本体から、約２００人はソニーから出向する予定だが、残りの約１２００人は新規雇用や派遣で確保する方針だ。

ただ、九州で技術者派遣を手がける企業の関係者は「スキルを持った人材を地元で採用するのは本当に難しく、想定ほど事業が拡大できていない」と、すでに人材難を実感する。九州に工場を持つある半導体関連産業の幹部からは「1700人も確保できるのか。育成にも時間がかかる」といった厳しい見方が出ている。

新工場が就職情報サイトで公開する初任給は学部卒で月28万円。同じく熊本県内に工場を持つルネサスの21・7万円、SSSの約23万円と比べても頭一つ抜ける。好待遇で人材を引きつける方針で、周辺の企業からは「社員が移籍してしまうのではないか」と警戒する声も聞かれる。

長期視点に立った専門人材の育成へ、行政も動き出した。九州経済産業局が音頭を取り、産官学で連携した人材育成のためのコンソーシアムを設立。デバイスや半導体製造装置のメーカー、大学や高等専門学校などが人材ニーズについて意見交換する。熊本大学は22年4月に「半導体研究教育センター」を設立し、専門人材の輩出を推進する。

ただ、これらの施策は一朝一夕に成果が出るものではない。教育機関だけでなく、企業側でも採用した人材を育成する努力が欠かせない。TSMCと取引のある半導体関連企業の関係者は「TSMCはそうとう激務。1700人も採って、どれほど定着するだろうか」と語る。報酬のみならず、福利厚生など労働環境を魅力的なものにしていく必要があるだろう。

インフラにも課題はある。人口がますます増えることで、交通渋滞が深刻化するおそれがある。ベッドタウンとして人口が急増している菊陽町では自動車で通勤する人の割合が高く、とくに朝夕の道路渋滞は激しい。TSMC進出について、現地で期待の声に次いで大きかったのが渋滞への懸念の声だったという。

県は道路整備や、「空港アクセス鉄道」の検討を進めているが、これらもすぐにできるものではない。工業団地と最寄りのJR原水駅を結ぶシャトルバスの増便や、交差点の右左折レーンを長く取るなど、即効性のある対策も強化する。「当面はソフト面で対応し、中長期的にはハード面で渋滞を改善したい」（松岡氏）方針だ。

1980〜90年代に半導体産業の集積が進んだ九州はシリコンアイランドと呼ばれた。だがその後は海外勢の攻勢に押され、九州でも半導体工場の縮小・撤退が続いた。今度こそ課題を乗り越えて半導体産業の復活なるか。挑戦は始まったばかりだ。

（佐々木亮祐）

日の丸テレビ・敗戦が示す教訓

日本の製造業、日本経済の凋落の象徴といえば、電機大手であり、製品としてはテレビといっても異論は少ないだろう。

2021年9月、かつてテレビ生産で東洋一とうたわれた東芝の深谷事業所（埼玉）が閉鎖された。もっとも生産は2012年に終了済み。テレビの国内生産は、12年に日立製作所、18年にシャープ、21年にはパナソニックが撤退している。

国内生産終了にとどまらずテレビ事業から撤退した企業も多い。東芝は2017年に中国企業へ売却、日立は18年に終了。三菱電機は21年撤退を発表している。世界的に気を吐いているのはソニーだけ。そのソニーも長く事業赤字に苦しんだ。近年は黒字化したが、国内生産は1カ所しか残していない。

円高や人件費など競争条件の悪さから、国内生産を諦めた事業や製品はさほど珍しくない。その場合でも海外生産にシフトして、世界市場で存在感を示す例はある。ところが、テレビは国内生産がほぼ消滅したうえ、市場からも駆逐されてしまった。いくつもの理由があるが、まず浮かぶのは「総合のわな」だ。多くの事業を営む電機大手は個々の事業の経営判断がどうしても甘くなる。総合、もしくは専業でも強烈なリーダーシップで果敢な投資を行うアジアのライバルのスピードについていけない。

アナログの強みが弱みに

もう1つ挙げるとすれば、アナログからデジタルへの転換だ。テレビは2000年代にブラウン管から液晶に変わった。放送もアナログからデジタルに切り替わった。日本勢が持つブラウン管の生産設備は座礁資産となった。液晶、プラズマ・ディスプレー・パネル（PDP）、有機ELとゼロからの生産設備立ち上げが必要になる。

薄型パネルは半導体ビジネスと同じように、巨額の投資を継続しなければ勝ち残れない。自力で挑んだシャープやパナソニックは経営を揺るがすほどの赤字を残した。アナログでは〝すり合わせ〟や〝匠の技術〟で性能の違いを生み出せるが、デジタルになるとチップとソフトウェアで性能の大半が決まってしまう。こだわりの映像技術で一瞬差別化できても、すぐに価格競争に巻き込まれる。規模と低コストで勝負が決まる世界だ。

差別化の努力もした。10年代に韓国のサムスン電子、パナソニック、ソニーなどが投入した3Dテレビがその一例だ。平面から立体へという新たな価値を訴求したが、消費者に受け入れられなかった。

デジタルになるとハードウェアのビジネスは難しくなる。例えばパソコン。1990年代半ばまでの日本独自規格の時代はNECや富士通が国内市場を占有したが、標準化が進むとともに米国勢に押されるようになり、最終的には中国勢に敗れ去った。

スマートフォンも同様だ。高機能でもすぐに陳腐化してしまう。世界で五指に入るシェアがなければハードだけでは稼げない。組立工場の付加価値はごくわずかで、利益はキーデバイスとブランド、そしてそれ以上にサービスのプラットフォームが得る構造にある。

そう考えると、テレビ市場で日本勢の存在感が消えたことよりも、日本に米ネットフリックスのような強いサービス企業が生まれなかったことに危機感を持つべきなのかもしれない。

アナログからデジタルへの波は、自動車産業にも及びつつある。

1トンを超える車体が高速で走る以上、電気自動車（ＥＶ）になってもアナログ要素は残る。が、エンジンがモーターになればデジタルの度合いは確実に増す。国内の自動車生産の重要性はテレビの比ではない。テレビ敗戦の教訓を生かせるだろうか。

（山田雄大）

原点の〝小屋〟移設　日立の選択

2009年のリーマンショック直後に国内製造業として過去最悪の7873億円もの最終赤字を出した日立製作所。多くのグループ企業を売却し、代わりに欧米のIT企業を買収するなど事業ポートフォリオの入れ替えを進めた。そのかいあって業績も回復。小島啓二社長は「基礎工事はこれまでの10年で完了した」と語り、今後の成長への自信を深める。

一方、日立にとって重要な施設が、2021年11月に移設された。創業者の小平浪平氏が最初の製品、5馬力誘導電動機（モーター）を製造した「創業小屋」だ。日立が保有するゴルフ場の隣に開設した展示施設「日立オリジンパーク」に移設。一般開放され、同社の歴史を学ぶことができる。

5馬力誘導電動機を前に説明する日立の東原敏昭会長(右)。移設された創業小屋(左)

それまで創業小屋はおよそ10キロメートル北の海岸工場にあった。長年、発電用タービンなどの製造を担った日立の主力工場だ。太平洋戦争では空襲による壊滅的被害を受けながらも操業を続け、東日本大震災のときも2週間で操業を再開した。

しかし、現在この工場は日立のものではない。火力発電事業は19年に三菱重工業に売却され、工場も日立の手から離れてしまったからだ。創業小屋へ行くには、三菱重工の敷地に入らなくてはいけなくなった。こうしたことも移設の理由の1つだ。

駅を降りると三菱が

「日立駅を降りてすぐの目立つ所に、三菱のマークがある」。21年の株主総会では、日立OBとみられる株主から批判が上がった。自分たちの城下町にライバルの拠点があることに耐えられない。そんな思いがにじむ。

とはいえ、グループから切り離されるのは必ずしも悪いことではない。「日立を離れたことで自分たち自身の真の成長について考えられるようになった」。売却されたある企業の幹部はそう語る。海岸工場を買った三菱重工の幹部も「日立にいるよりもわれわれと一体になったほうが勝ち筋はある」と話す。

変革の時代に企業のアイデンティティーをどう保つかは課題の1つだ。新たに創業小屋が置かれた大みか地区は、日立が力を入れるIoT基盤「ルマーダ」の中核となるシステムを設計、運用する拠点。創業小屋の移設について、東原敏昭会長は「社会課題を解決するために必要なものを造る原点は変わらない。先行きが不透明な時代こそ、原点に立ち返ることが重要」と、祖業への思いを語った。

（高橋玲央）

「構想力の欠如が製造業を没落させた」

日本総合研究所会長・寺島実郎

雇用を創出し、外貨を稼ぎ、日本経済を支えてきた日本の製造業。基幹産業が細っていく事態にどう対応すべきか。寺島実郎・日本総合研究所会長に聞いた。

――世界の中で日本の産業競争力が埋没しています。

戦後の日本は、米国にコバンザメのように張り付いた工業生産力モデルで一定の成功を収めた。だが、その前提となっていた産業資本主義が冷戦の終焉でパラダイム転換を起こした。

具体的には、軍事技術から生まれたインターネットを基盤とするデジタル資本主義が1つ。もう1つが金融資本主義だ。米国の軍事産業を支えた理工系人材が生み出した金融工学がベースとなった。

その2つは連携し、ITベンチャーが株式公開やM&Aといった形で肥大化していく。その代表格がGAFAM（ビッグテック）だ。日本ではGAFAMは生まれなかった。こうしたパラダイム転換に日本の工業生産力モデルがついていけなかった。

——日本の製造業はなぜ劣後したのでしょうか。

端的に言うと、構想力とビジョンを持った人材がいなくなった。

東芝の今の状況がそれを象徴している。日本のものづくりの誇りのような会社がマネーゲームによる解体の危機に瀕している。経営のエネルギーの大半が従業員でも顧客でもなく、株主である投資ファンドへの対策に振り向けられ、消耗させられている。

これは、いわばMBAシンドロームの弊害でもある。1980年代以降、日本の大企業は優秀な若手を米国の大学院に留学させたが、そこでは企業価値をどうやって最大化するかを習う。そこそこのスキルを身に付けて帰ってくると、「自分価値の最大化」に気がつく。

製造業での若手の年収はよくて1000万円強。そこに「外資やコンサルに転ずれば、30代で数千万円」というような誘いがかかる。これで勇んで外資系金融やコンサルティング企業に転じた人は山ほどいる。

その人たちが日本の産業界を支える柱となったか。コンサルとして日本企業にアドバイスしたのは選択と集中だ。事業部制にして資産を切り売りし、M&Aをして儲かる体質にしよう、と。その結果、日本企業のよさである、人材の総合性や会社に対するロイヤルティーなどが崩れ落ちていった。

かつては日本の産業の強さは、日本株式会社といわれた官と民の関係にもあった。政治が弱くても、官僚が日本の柱を支えていた。だがある時から政治主導の世界になり、行政も劣化した。ここ10年ほど構想力とビジョンを持った経済官僚も見なくなってしまった。

――再生には何が必要ですか。

日本にいちばん欠けているのは総合エンジニアリング力だ。三菱重工業のＭＲＪ（三菱リージョナルジェット、現スペースジェット）がなぜ挫折したかをよく探究すれば、何をなすべきかが見えてくる。

日本の問題は、素材や部材、部品など個別技術のよさに酔いしれること。『下町ロケット』に涙し、「部材、部品では日本は負けない」という話で満足してしまっている。その間に沈没してしまう。

大事なのはそれらの要素技術を体系化し、戦略的に統合して１つの完成体をつくることだ。そのために総合エンジニアリング力を身に付ける必要がある。

日本の産業界は今、背伸びをして「ＩＴやＤＸの時代だ」と興奮しているが、同じ愚行を繰り返してはいけない。イノベーションも取り込むべきだが、まずはファンダメンタルズを固めるべきだ。

例えば食と農。日本の食料自給率は３７％しかない。世界人口が爆発的に増える以上、日本が人口減であっても食の安定に問題意識を持つべきだ。生産、加工、流通、調理といった食にまつわる各工程を高付加価値化できれば、日本の産業力を大いに刺激できる。

医療・防災もそうだ。コロナ禍ではマスク、人工呼吸器などの調達難が起きた。その教訓を真剣に受け止めて国民の安全を担保する産業構造もつくらないといけない。全国に防災拠点をつくって技術を集結すれば、やがては外貨を稼ぐ輸出産業にできる。そこに日本の将来を切り開かなければいけない。


――日本の製造業の競争力を高めるために必要な施策は。


ルール形成力の強化だ。日本の虎の子産業である自動車でも、ＥＶ（電気自動車）化のトレンドを否定するのではなく、ルール形成の綱引きで日本が欧州に劣後したという認識が必要だ。

欧州を軸にした世界のルール形成の場で、「なぜハイブリッド車ではいけないのか？」という、産業国家・日本を背負った発信力を磨かなくてはいけない。そのうえで、ＥＶ化を軽やかに乗り切るための技術基盤を確立する必要がある。

ウクライナ危機で原油価格が１バレル＝１００ドルを突破する中、数週間前まで脱化石燃料と言っていたのが、ＬＮＧ（液化天然ガス）と石油を重視する動きに変わった。資源のない日本の課題がさらに突きつけられる。エネルギーは典型例だが、きれい事の薄っぺらな議論をしている余裕はない。リーダーはポピュリズムではなく、国民にさまざまな選択肢を示していく必要がある。

アベノミクスで金融をジャブジャブにして円安にすれば日本の製造業はよみがえる、という政策が間違いだった。これからは恐怖の円安になる。このままでは日本は再び敗戦を迎えることになる。

【３つのポイント】
①構想力とビジョンを持つ産業人と官僚が消えた
②要素技術を誇るな総合力を身に付けよ
③産業国家を背負ってルール形成を主導せよ

（聞き手・山田雄大）

寺島実郎（てらしま・じつろう）
1947年生まれ。米国三井物産ワシントン事務所長、三井物産常務執行役員などを経て2016年6月から現職。多摩大学学長も務める。著書多数。

【週刊東洋経済】

本書は、東洋経済新報社『週刊東洋経済』2022年3月26日号より抜粋、加筆修正のうえ制作しています。この記事が完全収録された底本をはじめ、雑誌バックナンバーは小社ホームページからもお求めいただけます。

小社では、『週刊東洋経済eビジネス新書』シリーズをはじめ、このほかにも多数の電子書籍ラインナップをそろえております。ぜひストアにて「東洋経済」で検索してみてください。

『週刊東洋経済eビジネス新書』シリーズ

No.387　全解明　経済安全保障
No.388　ソニー　掛け算の経営
No.389　2050年の中国〔前編〕
No.390　2050年の中国〔後編〕
No.391　相続の新常識

No.392　無敵の文章術
No.393　物流　頂上決戦
No.394　すごいベンチャー2021〔前編〕
No.395　すごいベンチャー2021〔後編〕
No.396　米国株　超入門
No.397　ビジネスと人権
No.398　無敵の話し方
No.399　EV　産業革命
No.400　実家のしまい方
No.401　みずほ　解けない呪縛
No.402　私大トップ校　次の戦略
No.403　ニッポン再生　7つの論点
No.404　マンション管理
No.405　学び直しの「近現代史」

No.406　電池　世界争奪戦
No.407　定年格差　シニアの働き方
No.408　今を語る16の視点　2022
No.409　狙われる富裕層
No.410　ライフシフト超入門
No.411　企業価値の新常識
No.412　暗号資産&NFT
No.413　ゼネコン激動期
No.414　病院サバイバル
No.415　生保　最新事情
No.416　M&Aマフィア

週刊東洋経済eビジネス新書　No.417
工場が消える

【本誌（底本）】
編集局　山田雄大、高橋玲央、秦　卓弥、長谷川　隆
デザイン　杉山未記、熊谷真美
進行管理　三隅多香子
発行日　2022年3月26日

【電子版】
編集制作　塚田由紀夫、長谷川　隆
デザイン　市川和代
制作協力　丸井工文社
発行日　2023年1月26日　Ver.1

発行所　〒103-8345
東京都中央区日本橋本石町1-2-1
東洋経済新報社
電話　東洋経済カスタマーセンター
03（6386）1040
https://toyokeizai.net/
発行人　田北浩章

電子書籍化に際しては、仕様上の都合などにより適宜編集を加えています。登場人物に関する情報、価格、為替レートなどは、特に記載のない限り底本編集当時のものです。一部の漢字を簡易慣用字体やかなで表記している場合があります。本書は縦書きでレイアウトしています。ご覧になる機種により表示に差が生じることがあります。

※本刊行物は、電子書籍版に基づいてプリントオンデマンド版として作成されたものです。